Johanna Heckeley

Pfarrer, Mönche & das liebe Vieh

Johanna Heckeley

Pfarrer, Mönche & das *liebe Vieh*

benno

Bibliografische Information der Deutschen Nationalbibliothek
Die Deutsche Nationalbibliothek verzeichnet diese Publikation in der Deutschen Nationalbibliografie; detaillierte bibliografische Daten sind im Internet über http://dnb.d-nb.de abrufbar.

Besuchen Sie uns im Internet unter:
www.st-benno.de

Gern informieren wir Sie unverbindlich und aktuell auch in unserem Newsletter zum Verlagsprogramm, zu Neuerscheinungen und Aktionen. Einfach anmelden unter www.st-benno.de.

ISBN 978-3-7462-5160-8

© St. Benno Verlag GmbH, Leipzig
Umschlaggestaltung: Rungwerth Design, Düsseldorf
Gesamtherstellung: Kontext, Lemsel (A)

Inhalt

„Herr Hund" macht Eindruck	7
Der Pfarrer und sein Hund: tierisch integriert	11
Weiße Pfötchen zur Glückseligkeit	15
Mäuseschreck und Menschenfreund	21
Der Kaninchenhimmel	27
Ein unbestechliches Fräulein	33
Wie im Paradies	41
Ein eigenes Bett im Kühlschrank	49
Die Zweibeiner des Buches und ihre Klöster und Pfarreien	52

„Herr Hund" macht Eindruck

Ohne Hund zu leben, kam für den Priester Hans Blamm nicht infrage – vor allem nicht, nachdem sein zweiter Hund eingeschläfert werden musste.
„Wenn man nach Hause kam, war die Bude leer", erzählt der Pfarrer von St. Marien in Offenbach am Main. „Da ist einem die Decke auf den Kopf gefallen." Daher war er froh, als er White geschenkt bekam: Mit dem mittlerweile achtjährigen kanadischen Schäferhund geht er täglich morgens, nach dem Mittagessen und abends Gassi. Nicht nur frische Luft für das Herrchen. „Der Hund will dann Zeitung lesen, also Duftmarken anderer Hunde schnuppern", erklärt Blamm. Auch ins Pfarrbüro kommt White, von Blamm respektvoll auch „Herr Hund" genannt, mit. Dort mache er bei Besuchern vor allem wegen seiner Größe Eindruck – nicht wegen seiner Stimme: „Der bellt nicht." Und oft sei er ein Eisbrecher, gerade bei Kindern: zum Beispiel auf dem Weg zum Pfarrhaus, der an der Kindertagesstätte vorbeiführe.
„Wenn ich dort mit White vorbeigehe, ist das das Highlight für die Kinder. Die wollen ihn alle streicheln."

Einen Trick beherrscht White natürlich auch: Wenn er höre, dass mit dem Papier eines Leckerlis geknistert werde, setze er sich hin, erzählt Blamm.
„Ich frage dann: ,Wie macht der Hund?', und dann bellt er."
Mittlerweile sind Blamm und sein Hund sogar über die Gemeinde hinaus bekannt, was vor allem an der Glosse „Der Pfarrer und sein Hund" liegt. Sie wird auf der Internetseite der Pfarrei veröffentlicht. In kurzen, humorigen Dialogen diskutiert darin Pfarrer Blamm aktuelle Geschehnisse mit „Herrn Hund". Der antwortet auf seine Weise – mit „Wuff" in unterschiedlichen Stimmlagen. Und auch, wenn die beiden verschiedene Ansichten haben – am Ende sind sich beide immer einig.

Geschrieben wird die Glosse nicht von Blamm selbst, sondern von der Internetredaktion der Pfarr-Webseite um Gemeindereferentin Gabriele Scheu-

ermann. Blamm sei aber bisher mit allen Beiträgen einverstanden gewesen.

Und White? Der hat inzwischen sogar seine eigene E-Mail-Adresse für Fanpost, wie es auf der Pfarr-Webseite heißt.

Der Pfarrer und sein Hund: tierisch integriert

„Also weißt du, Herr Hund, wenn ich dich mir so anschaue ... dein Vorgänger, Bobby, war ja rabenschwarz. Und du, so ein schneeweißer Schweizer Schäferhund ..."
„Wuff!" (Einspruch).
„Ja ich weiß, die korrekte Bezeichnung ist Berschee Bloh Swiss – Berger Blanc Suisse – hui, so fürznehmes Französisch! Und des für'n Offebächer Pfarrhund! Andererseits ... wir hatten ja auch hugenottische Flüchtlinge hier. Vielleicht steckt in mir ja auch ein Stück Franzose? Gibt es überhaupt Deutsche, die keine Flüchtlinge unter ihren Vorfahren haben?"
„Wuff" (belustigt).
„Apropos Flüchtlinge ... was ich eigentlich sagen wollte: Schwarz und Weiß, die vertragen sich ja nicht immer so gut. Oft reicht es auch schon, wenn man aus verschiedenen Ländern kommt. Wie ist das denn bei euch Hunden?"
„Wuff?"
„Na, da gibt es Anatolische Hirtenhunde, Chinesische Schopfhunde, Peruanische Nackthunde, Polni-

sche Bracken ... wie kommt ihr denn so untereinander klar?"

„Wuffwuff ..."

„Das glaube ich dir jetzt aber nicht! Wie oft kläfft ihr euch denn untereinander an und geht aufeinander los! Da hat ja mancher seine Müh', das Tier an der Leine zu halten!"

„Wuffwuffwuff" (protestierend).

„Ach, das hat nichts mit Herkunft oder Fellfarbe zu tun? Wenn also so ein Deutscher Pinscher und ein Afghanischer Windhund oder ein Finnischer Spitz und ein Italienisches Windspiel sich in die Haare bekommen, dann ist das einfach – menschlich? Habe ich das richtig verstanden?"

„Wuff" (energisch) ... „wuuuf" (träumerisch).

„Du meinst, ein blöder Hund ist einfach ein blöder Hund, egal wo er her stammt? Na, das ist aber wirklich sehr menschlich! Und umgekehrt, eine tolle Hündin ... aber nein, das gehört jetzt wirklich nicht hierher! ... Erklärt allerdings den einen oder anderen Mischling."

„Wuff!"

„Also Herr Hund, Nationalität und Farbe spielen bei euch Hunden keine Rolle – alleine der Charakter zählt?! Siehste, da sind wir uns ja wieder mal einig!"

Weiße Pfötchen zur Glückseligkeit

Der kleine Hund mit den langen Haaren hat es ihr angetan: „Ich liebe Leo von ganzem Herzen", sagt Schwester Petra Stelzner. Sie ist Schwester der heiligen Maria Magdalena Postel und leitet das Montessori-Zentrum in Berlin. Die Eröffnung des Zentrums 2005 war der Grund, warum der Hund in ihr Leben kam. Nach zwanzig Jahren im Kloster war die Supervisorin und Montessori-Trainerin damals in die Hauptstadt gezogen – als einzige Schwester. „Ich war alleine, das war arg hart." Drei Jahre lang habe sie gehofft, dass doch noch eine Mitschwester nachkommt. Als absehbar wurde, dass sie allein bleiben würde, ging ihr die Idee mit dem Hund nicht mehr aus dem Kopf. „Ich war mir absolut sicher, dass ich so einen kleinen Knopp brauche!" Durch einen Zufall kam sie dann zu einem Züchter und auch zu Leo: „Der streckte mir seine kleinen weißen Pfötchen entgegen und mein Herz machte ‚Plong'." Sie lacht. „Ein Hund war für mich schon immer Glückseligkeit."
Seit neun Jahren ist „Bruder Leo", wie Schwester Petra ihn scherzhaft nennt, immer an ihrer Seite –

soweit es geht. Denn Leo, eine Mischung aus Lhasa Apso und Bolonka Zwetna, hat seinen eigenen Kopf. „Ausgeprägt in der Persönlichkeit", habe das in der Rassebeschreibung geheißen. „Er hat ein großes Ego", erklärt es Schwester Petra. „Ich sage immer, er trägt ein Schild über sich, auf dem steht: ‚Ich! Aufmerksamkeit! Hier!'." In ihre Seminare im Montessori-Zentrum könne sie ihn daher nicht mitnehmen, und auch auf der Straße sei es manchmal anstrengend: „Der Fremde ist erst mal Feind für Leo." Obwohl sie bereits als Kind einen Hund hatte, habe sie erst lernen müssen, mit dem neuen Begleiter umzugehen. „Drei Hundetrainer habe ich schon an ihm verschlissen." Was gut funktioniere: „Wenn ich selbst ruhig und gelassen bin, dann ist Leo das auch."

Jeden Tag spaziert Schwester Petra mit Leo anderthalb Stunden durch die Berliner Parks. Das sei für sie wie Therapie: Es mache den Kopf frei und – wenn sie mal schlecht drauf sei – auch schnell wieder gute Laune. „Leo ist ein Ausbund an Lebensfreude, er stürzt sich auf den Rasen und wälzt sich, als wollte er sagen: ‚Guck mal, Frauchen, jetzt sind wir endlich wieder im Grünen.'" Das wirke sich auch auf sie aus. „Ich bin glücklicher und ausgeglichener, seit ich

Leo habe." Dadurch, ist sie überzeugt, könne sie ihre Aufgaben besser erledigen – und die Sorge, dass eine Ordensschwester zu viel Energie in ein Haustier und zu wenig in die Gemeinschaft investiere, sei ja ohne Mitschwestern sowieso hinfällig. Durch Leo habe sie außerdem neue Freunde in Berlin gefunden, „das sind alles Hundebekanntschaften, die ich ohne den kleinen Kerl nie gemacht hätte".

Mäuseschreck und Menschenfreund

In der Benediktinerinnen-Abtei Mariendonk in Grefrath haben Katzen Tradition. Bis in die Mitte der 90er Jahre gab es hier noch eine Landwirtschaft. „Dazu gehörten immer schon Katzen", erklärt Schwester Justina Metzdorf. Heute ist davon nur ein großer Obst- und Gemüsegarten geblieben, „und da brauchen wir Katzen, die die Mäuse in Schach halten". 2010, als die letzte Katze gestorben sei, habe sich das sehr schnell herausgestellt: „Da haben sich die Mäuse quasi per Handschlag im Salat verabredet." Über Kontakte kam Schwester Justina an zwei Geschwisterkatzen aus einem Tierschutzprogramm, die dringend ein neues Zuhause suchten. Zur Eingewöhnung bezogen die beiden zunächst den Geräteschuppen. Sie seien ja als Babys eingefangen worden und hätten nur das Zimmer gekannt, in dem sie aufgewachsen waren. „Sie wussten gar nicht, wie es draußen aussieht", erinnert sich die Benediktinerin. Gemeinsam habe sie dann mit ihnen den Garten erkundet: „Die sind erst einmal hinter mir hergelaufen und waren ganz verstört vom Gras und von den Bäumen. Das war sehr niedlich."

Inzwischen sind Frodo und Lucy, wie Schwester Justina sie genannt hat, echte Gartenkatzen geworden. Der Kater sei sehr stark auf Menschen fixiert. „Er ist eigentlich immer da. Wenn ich ihn rufe, kommt er sofort angesprungen", erzählt die Nonne. Die Katze habe eher streunerische Veranlagungen. „Es kommt schon mal vor, dass ich sie zwei oder drei Tage gar nicht sehe, sie ist sehr eigenständig." Wenn sie aber da sei, sei sie auch sehr verschmust. Und, wie ihr Bruder, sehr geschwätzig: „Beide sind sogenannte sprechende Katzen, die kommunizieren mit Miau-Lauten in unterschiedlichsten Tonlagen mit mir."
So machten sie ihren Namen alle Ehre: Kater Frodo, benannt nach dem Hobbit aus der „Herr der Ringe"-Trilogie von J. R. R. Tolkien, habe immer schon etwas hobbitmäßiges an sich gehabt. Tolkien stellt das Volk der Hobbits als gemütlich, friedfertig und dem Essen zugeneigt dar. „Der Kater frisst auch sehr gerne", hat Schwester Justina beobachtet. Katze Lucy erhielt ihren Namen nach der Fernsehserie „Luzie, der Schrecken der Straße" aus den 80er Jahren. „Sie hat so was Draufgängerisches, das passt gut." Die beiden würden nett miteinander umgehen, sich sogar gegenseitig abschlecken – solange sie alleine seien. Aber

kaum tauche ein Mensch auf, fielen sie übereinander her, "weil sie es sich nicht gönnen können, dass einer bevorzugt wird", vermutet Schwester Justina, die ihre Katzen aus dem Fenster beobachtet hat.

Einige Zeit lang habe es noch einen Hund in der Abtei gegeben, aber nachdem er gestorben war, sind die Katzen in den Keller eingezogen. "Sie haben sozusagen darauf gewartet, dass sie in die Nähe des Hauses kommen können." Schwester Justina lacht. Nun haben sie in einem Kellerraum Körbchen als Schlafplätze. Durch eine Klappe in der Tür können sie jederzeit kommen und gehen. Was den Tieren daran wohl gefällt? "Ich glaube, sie mögen die Nähe zum Menschen", meint die Ordensfrau. Einige ihrer Mitschwestern versorgten die Katzen beim Durchgehen nämlich gerne mit Streicheleinheiten. Dadurch, dass Lucy und Frodo die einzigen Tiere seien, hätten sie eine ganz andere Stellung als die Landwirtschaftskatzen früher. "Eine Reihe meiner Mitschwestern hat eine freundschaftliche Beziehung zu ihnen aufgebaut."

Und auch Schwester Justina, die in der Abtei verantwortlich für den Obst- und Gemüsegarten ist, hätte nie gedacht, dass sie einmal eine solche Bindung zu

Lucy und Frodo aufbauen könnte. „Als Kind bin ich mit einem Hund aufgewachsen und war überzeugt, ein Hundemensch zu sein", meint sie. „Die Katzen haben mich da aber eines Besseren belehrt."

Der Kaninchenhimmel

Bis Bruder Thomas Morus zu den Kaninchen kam, war es ein langer Weg. Begonnen hatte alles vor über 35 Jahren: Nach seinem Agrarwissenschaftsstudium bekam er die Möglichkeit, Vinzentinerinnen in Tansania beim Aufbau einer Farm zu helfen. „Dazu gehörte auch die Ausbildung der Schwestern in Landwirtschaft, Tierhaltung und Gartenbau", erzählt Bruder Thomas. Er trat seinen Dienst als Laie an ohne den Gedanken, jemals in ein Kloster einzutreten. Das änderte sich nach einem Jahr in Ostafrika: In der Nähe sei ein großes Benediktinerkloster gewesen, das er für seine Aufgabe immer mal wieder besuchte. „Ostern 1982 habe ich mich entschlossen, Benediktiner zu werden." Drei Jahre später erhielt er in der Abtei Münsterschwarzach die monastische Grundausbildung, um dann mit zeitlicher Profess in die Benediktinerabtei Peramiho in Tansania zurückzukehren.

Dort kümmerte sich Bruder Thomas unter anderem um den Klostergarten mit Obst- und Gemüseanbau, das landwirtschaftliche Ausbildungszentrum und

eine kleine Viehzucht. Dazu gehörten Hunde – und auch Kaninchen. Bei seiner Rückkehr nach Münsterschwarzach 2001 wünschte er sich, weiterhin Tiere zu halten. Er bekam eine kleine Herde von etwa 25 Dorperschafen, nach denen er täglich sah. „Das ist sehr schön, weil die Tiere den Schäfer sehr gut kennen und auch wahrnehmen." Aber irgendwann hatte er keinen „Bock mehr auf Bock", wie er sagt, auch „weil der letzte Bock sehr aggressiv war".
Doch ein Leben ohne Tiere – das war für Bruder Thomas keine Lösung. So kam er zu den Kaninchen der Rasse Mecklenburger Schecken, die in den umgebauten Schafstall einzogen. Für den Benediktiner mehr als ein Hobby: „Man weiß, wenn man morgens aufsteht, dass man die Tiere füttern darf, 365 Tage im Jahr." Jedes habe seine eigene Persönlichkeit – und einige freuten sich, wenn er in den Stall komme und sie mit Apfelschnitzen, Möhren und Abfällen aus der Gemüseküche oder Grünschnitt füttere. „Dann hüpft es im Gehege herum und wenn ich es öffne und rufe: ‚Na, wo ist denn der Knuffel?', dann kommt es und macht ‚Näschen' mit mir, also reibt sein Maul an meine Nase."
Rieke, Nora, Charly oder Blacky heißen einige der

„Langohren", wie Bruder Thomas sagt. Aber nicht alle Tiere bekommen Namen: „Das ist kein Streichelzoo", erklärt der Benediktiner, der auf dem Land aufwuchs. Die Tiere aus der Mast blieben namenlos. „Das geht zu schnell, die werden ja nur fünf oder sechs Monate alt. Dann kommen sie in den Kaninchenhimmel." Bruder Thomas schlachtet seine Tiere selbst gemeinsam mit einem Mitbruder, der gelernter Fleischer ist. Das sei nicht immer leicht für ihn: „Dadurch, dass ich die Tiere von Geburt an kenne, wachsen sie mir schon ans Herz." Zwar könne er die Kaninchen vor dem Schlachten streicheln und sie danach dennoch mit Genuss essen. „Aber ich habe vorher oft so ein bisschen Druck auf dem Magen, solange die Tiere noch leben." Gleichwohl müsse jeder eben einmal sterben, meint er, „aber die Kaninchen haben noch das Glück, danach ein Braten zu werden". Bei Rammler Charly allerdings wird es wohl nie so kommen. „Der ist ein besonderes Tier. Wenn ich ihn am Rücken kraule, legt er den Kopf um und leckt mir dir Hand." Und jedes Mal, wenn er in den Stall komme, mache er Männchen. Ans Schlachten sei da natürlich nicht zu denken.

Ein unbestechliches Fräulein

"Ich weiß gar nicht genau, wie viele Tiere ich habe, denn im Aquarium sind ziemlich viele Fische!", erzählt Bruder Gerhard Busche. Daneben leben noch die Schafe Toni und Franzi, die Katze Fräulein Pia und zwei Hasen im Franziskanerkloster auf dem Frauenberg in Fulda. Um sie kümmert sich der Schneidermeister ebenso wie um einen kleinen Garten. "Das machen viele meiner Schneiderkollegen. Das liegt vielleicht daran, dass ein Schneider, der immer penible Arbeit macht, auch mal dreckig werden muss." Er lacht.

Alles begann mit einem Geschenk: Von einem befreundeten Ordensbruder bekam Bruder Gerhard 1993 ein Meerschweinchen, das der in einem Stadtpark eingesammelt hatte. Dazu wurde ihm noch ein Hase geschenkt, "und dann starb immer eines und es kam immer wieder was dazu. Seitdem habe ich also Hasen." Namen haben die beiden Nager, die jetzt im Außenkäfig leben, allerdings nicht, genauso wenig wie die Fische im Aquarium im Gemeinschaftsraum des Klosters. Das war ursprünglich für den Aufent-

haltsraum der Krankenstation angeschafft worden, die allerdings 2016 verlegt wurde. „Das ist ein ganz einfaches Becken mit Black Mollys und Schwertträgern, also nichts Besonderes", erklärt der Franziskaner. „Aber sie fühlen sich wohl!" Ebenfalls ein Geschenk waren Toni und Franzi. Jeden Morgen lässt Bruder Gerhard die Schafe nach draußen, jeden Abend gehen sie mit ihm im Klostergelände Gassi. „Ohne Leine. Das habe ich ihnen beigebracht."
Und dann ist da noch Fräulein Pia, „eine ganz normale, grau getigerte Katze", beschreibt es Bruder Gerhard. 2010 war sie ihm zugelaufen: Damals entdeckte er das Tier eines Abends im Gelände. „Sie hat gemiezt und hatte Hunger." Er gab ihr etwas zu fressen und bemerkte, dass ihr eine Kralle und ein Zahn fehlte. „Sie war schüchtern und ängstlich, ein ganz kleines Kätzchen, das hätte auf eine Hand-

fläche gepasst", erinnert sich der Franziskaner. Am nächsten Abend zur selben Zeit sei sie dann wieder da gewesen. „Und am dritten Tag ist sie in die Werkstatt eingezogen und ging erst mal nicht mehr vor die Tür."
Die Schneiderei mit ihren insgesamt rund hundert Quadratmetern stellte sich als optimale Bleibe für die Katze heraus. „Das Dach ist eine Holzkonstruktion mit offenen Balken. Dahin geht sie, wenn sie etwas stört", erklärt Bruder Gerhard, der hier die Ordensgewänder für die Franziskaner der Deutschen Ordensprovinz schneidert. Die vielen Schränke, Tische und Stoffballen scheinen Fräulein Pia jedenfalls zu gefallen: „Katzen lieben ja dunkle Sachen. Ich muss dann immer sehen, dass keine Haare auf dem Stoff sind." Eine Katzenklappe ermöglicht es Fräulein Pia, selbstständig ein und aus zu gehen. „Das macht

sie nicht oft, sie besteht aber darauf, dass die Klappe immer offen ist."

Als „ein bisschen empfindlich" beschreibt Bruder Gerhard Fräulein Pia. „Die mag nicht hochgehoben werden, es ist also keine Katze, die man sich auf den Bauch setzen kann zum Kuscheln." Dennoch verstünden sie sich gut: Fräulein Pia habe „Schmuseplätze" in der Werkstatt, die sie aufsuche, wenn sie gestreichelt werden wolle. „Dann rennt sie die Treppe zu meinem Büro hoch und setzt sich dort in eine Kiste, als wollte sie sagen: ‚Bitte jetzt schmusen'. So hat die Katze wohl mich erzogen." Bestechen lasse sie sich aber nicht. „Die hat ihren eigenen Kopf, und wenn sie was will, fordert sie das auch ein." Zum Beispiel, indem sie sich gerade auf den Stoff setze, den er zuschneiden wolle. „Das ist bei den Schafen völlig anders, ihr Strickmuster ist viel einfacher." Die seien sogar konditioniert: „Wenn ich abends mit ein bisschen Trockenfutter raschele, dann ist es für sie das Zeichen, zurück zum Gehege zu gehen, und das machen sie dann auch."

Sein Verhältnis zu Tieren habe Bruder Gerhard schon häufig hinterfragt. „Das sind natürlich immer abhängige Beziehungen. Das ist nicht so ein gutes

Gefühl", meint er. Aber man könne von den Tieren lernen, beispielsweise, bedingungslos zu vertrauen, „so wie sie auch dem Menschen vertrauen."

Mit Tieren lebe man achtsamer und bekomme eine Ehrfurcht vor der Schöpfung, in der jedes Tier und jede Pflanze, aber auch der Mensch seinen Platz habe. Ein Haustier zu haben, heiße daher, sich auf ein Mitgeschöpf einlassen zu müssen. Mit unabsehbaren Folgen: „Meine Katze war fast stumm, als sie kam. Jetzt haben wir eine eigene Sprache entwickelt. Sie macht mieps und mäps, und dann weiß ich genau, das heißt ‚jetzt bitte kommen' oder ‚jetzt bitte in Ruhe lassen'." Bruder Gerhard lacht wieder. „Das passt ja irgendwie zum heiligen Franziskus, der ja auch den Tieren gepredigt haben soll."

Wie im Paradies

„Mit Katzen hatte ich es gar nicht so", erzählt Bruder Felix Weckenmann, Benediktiner in der Erzabtei St. Martin zu Beuron. Aber dann war da die Katze im Kloster, die „irgendwo übrig" war, wie er erzählt. Und die sei dann in seinen Aufgabenbereich, die Gärtnerei, gekommen. „Daran habe ich mich doch sehr erfreut." Als sie verstarb, war für ihn und seinen Mitbruder Markus Alber klar: „Da muss wieder ein Tier her!" Einige Monate später entdeckten sie im landwirtschaftlichen Gebäude eine wilde Katze, die gerade drei Junge geworfen hatte. Sie behielten zwei, das dritte gaben sie an eine Familie. „Ich weiß nicht, was sonst mit denen passiert wäre", meint der Mönch. Die Katzen bekamen ihren Platz im Gewächshaus: Dort stehen zwei mit alten Stoffresten ausgepolsterte Gemüsekisten, die den Katzen als Körbchen dienen.

Inzwischen sind Titus und Safira sechs Jahre alt. Katze Safira sei zutraulich und gerne bei Menschen, „nicht unbedingt bei Fremden, aber wenn sie eine schwarze Kutte sieht, dann hat sie keine Scheu mehr". Bruder Felix lacht. „Sie ist wirklich sehr verschmust." Der Ka-

ter sei etwas reservierter. „Er lässt sich nur von uns beiden streicheln und tragen." Vor ihm sei zudem nichts sicher. „Der ist sportlich, der klettert auf das Gewächshaus und geht oben über die Öffnung rein." Wenn Titus dann doch mal schmusen wolle, sei das schon fast grob, so fest reibe er sein Köpfchen an Händen und Beinen. Und er ärgere gern seine Schwester: „Er springt ihr nach, sie rast dann davon, aber sie hat keine Chance", so der Benediktiner. Beim Fressen sei aber Safira die Chefin. „Sie drückt den Kater dann von der Futterschüssel weg und der lässt sich das gefallen."
Bruder Felix hat die Katzen längst ins Herz geschlossen. „Wenn man mal nicht so gut drauf ist und in den Garten kommt und dann sitzt da eine Katze – sofort hat das eine positive Wirkung!", erzählt er. Aber manchmal kämen sie ihm auch in die Quere, zum Beispiel kürzlich, als er in einer freien Stunde seinem Hobby Makrofotografie nachgehen wollte. „Ich wollte am Bienenhaus die winzigen Knospen des Scharbockskrauts fotografieren. Da ist dann die Katz' gekommen." Das sei typisch für Safira, meint der Mönch: „Die steigt dann auf einem rum und tritt auf die Blumen und stellt sich ins Licht, sodass ich sie wegschicken muss." Aber es nützte nichts: „Sie legte sich in die Sonne und

schnurrte und schmuste – da hab ich stattdessen Fotos von ihr gemacht und gedacht: ‚Wie im Paradies.' Da bist du hin und weg."

Bei seiner täglichen Arbeit im Garten hat Bruder Felix immer wieder Gelegenheit, die Katzen zu beobachten. „Ich hab schon oft gemerkt: Von so einer Katze kann man lernen." Es gebe nämlich einen gravierenden Unterschied zum Menschen, der nie genug bekommen könne: „Die Katze frisst, bis sie satt ist, und dann ist sie zufrieden und will schlafen." Darüber hinaus sei er inzwischen überzeugt, dass bei Tieren viel mehr dahintersteckte als nur ein instinktgesteuertes Verhalten. „Der Kater zum Beispiel, wenn er der Katze auflauert." Der vermute dann, von wo Safira komme, welchen Weg sie nehme, um sie zu überraschen. „Einmal hat er sich zwischen Mülltonnen versteckt und immer wieder seinen Kopf hervorgestreckt, um zu sehen, ob sie um die Ecke kommt." Er hält kurz inne. „Die Katzen provozieren uns mit ihrer Lebensweise", meint er dann. „Na, weil sie halt nichts tun und viel schlafen. Wir arbeiten und verdienen ihr Futter mit!" Er lacht herzhaft und schiebt fast entschuldigend hinterher: „Gut, sie fangen auch Mäuse, das machen sie schon."

Ein eigenes Bett im Kühlschrank

Bruder Markus Alber, Mitbruder von Bruder Felix, hält zwar auch viel auf die beiden Katzen. Aber sein Herz gehört der griechischen Landschildkröte Wilma. „Ich hatte als Kind schon eine Schildkröte, das war damals ganz modern." Der Wunsch, wieder eine Schildkröte zu besitzen, ließ ihn nicht los – 2008 bekam er dann Wilma. „Damals war sie nicht größer als früher ein Fünfmarkstück." Schildkröten faszinierten ihn einfach, meint er. „Die haben noch sowas Urzeitliches."

Mittlerweile wiegt Wilma etwa anderthalb Kilo. Tagsüber ist sie in einem großen Freigehege mit Gras, einem niedrigen Wasserbecken, Steinen und Erde. Das sei wichtig für ihre Beschäftigung: „Man denkt das nicht unbedingt, aber eine Schildkröte ist immer in Bewegung und auch sehr neugierig", erklärt der Benediktiner. „Sie schiebt gerne Dinge wie Steine oder Holzstücke herum. Und man muss etwas ins Gehege legen, über das sie drüberklettern kann." Auch keine Bewegung, die man als Erstes mit einer Schildkröte verbinde: „Sie sieht so unbeweglich aus

mit ihrem Panzer, aber sie probiert so lange, bis sie über das Hindernis klettern kann." Futter wie Löwenzahn, Spitzwegerich und Klee finde Wilma in ihrem Freigehege. „Da grast sie dann selbst rum." Besondere Leckereien, zum Beispiel Feldsalatblätter, Erdbeeren oder Tomatenschnitze bringt ihr Bruder Markus dann und wann aus dem Klostergarten mit. „Besonders Feldsalat frisst sie gern", weiß er.
Haus- und Nutztiere seien für ein Kloster immer schon üblich gewesen, meint Bruder Markus. „Und das hat auch einen positiven Effekt auf die Gemeinschaft." Eine Schildkröte sei da zwar eher ungewöhnlich, aber es interessiere ihn sehr – ebenso, wie mit anderen Schildkrötenbesitzern zu fachsimpeln. „Jeder hat da andere Tricks, zum Beispiel wie man sie morgens rauslockt oder was sie gerne fressen." Um eine Schildkröte artgerecht zu halten, müsse man sich mit ihr beschäftigen, ist Bruder Markus überzeugt. „Katzen sind da anspruchsloser." Vor allem beim Überwintern könne man einiges falsch machen: Wie man das Tier richtig darauf vorbereite, ihre Ruhe überwache und dann die Anzeichen für das Aufwachen bemerke, zum Beispiel, sei eigentlich eine Wissenschaft für sich. „Die Schildkröte ist da empfindlich und daher

kein Tier zum Spielen." Ihren Winterschlaf macht Wilma übrigens in einer Schachtel im Kühlschrank, „weil es nicht gefrieren darf und eine gleichbleibende Temperatur haben muss".

Mit den Katzen Safira und Titus verstehe sich Wilma ganz gut – oder vielmehr nicht schlecht. „Ich glaube, dass sie den Katzen einfach zu langsam ist", vermutet Bruder Markus. „Die beiden gehen schon mal hin und schnuppern, aber das ist denen zu suspekt." Katze Safira wisse aber sehr wohl das Gehege als Platz für ein Nickerchen zu schätzen. „Sie schläft dann neben der Schildkröte."

Die Zweibeiner des Buches und ihre Klöster und Pfarreien

Pfarrer Blamm

Monsignore Hans Blamm ist Pfarrer der Innenstadt-Pfarrei St. Marien in Offenbach am Main. Er und sein Hund White haben auch auf der Homepage der Pfarrei einen Platz: Das Team um die Gemeindereferentin Gabriele Scheuermann veröffentlicht dort in unregelmäßigen Abständen die Glosse „Der Pfarrer und sein Hund", ein fiktives Gesprächsprotokoll des Gassigehens. Darin bespricht Pfarrer Blamm mit White auf humorvolle Weise Themen, die ihm auf der Seele liegen – zum Beispiel reden sie über Musik, die Adventszeit oder die Flüchtlingsintegration. Der Hund antwortet auf seine Weise mit „Wuff" in verschiedenen Tonlagen – und am Ende sind sich beide immer einig.

Br. Felix und Br. Markus

Die Benediktiner-Erzabtei Beuron St. Martin entstand im 11. Jahrhundert als Chorherrenstift der Augustiner. Unter Napoleon 1802 säkularisiert, wurde sie 1863 durch die Benediktiner neu besiedelt. Heute leben in der Anlage im idyllischen Donautal nördlich des Bodensees rund 40 Mönche, die sich den unterschiedlichsten Aufgaben in den klostereigenen Werkstätten und der Seelsorge widmen. Zum Kloster gehören außerdem der Beuroner Kunstverlag und die Klostergärtnerei und -brennerei, die auch Obstbrände herstellt. Die Benediktiner unterhalten daneben ein Wasserkraftwerk, das mit einem Jahresertrag von 700 MWh einen Beitrag zur regenerativen Energieerzeugung leisten soll. Bekannt ist Beuron auch als Wallfahrtsort: Höhepunkte sind der Annatag (26. Juli) und die Lichterprozession am Vorabend von Mariä Himmelfahrt (14. August). Die kunstvoll gestaltete Gnadenkapelle mit dem Bild der „Schmerzhaften Mutter von Beuron" steht Pilgern zum stillen Gebet offen. Die Erzabtei bietet darüber hinaus Seminare und Exerzitien sowie Unterkünfte für Gäste an.

Sr. Petra Stelzner

„Die Jugend bilden, die Armen unterstützen und nach Kräften Not lindern" – auf dieses Leitwort berufen sich die Schwestern der heiligen Maria Magdalena Postel. Nach ihrer französischen Ordensgründerin, die unter anderem ein Internat für Mädchen aus armen Familien errichtete, fühlen sich die Schwestern neben der Senioren-, der Gesundheits- und der Armenhilfe besonders der Bildung junger Menschen verpflichtet. 1862 gründeten vier Lehrerinnen die erste deutsche

Niederlassung der Ordensgemeinschaft in Heiligenstadt. Heute gehören neben Schulen und Seniorenheimen auch Aus- und Weiterbildungseinrichtungen zum Konvent, wie das Montessori-Zentrum Berlin. Hier vermittelt Schwester Petra Stelzner, Leiterin des Zentrums, Supervisorin und Montessori-Trainerin, unter anderem die Pädagogik von Maria Montessori.

Br. Thomas Morus

Zur Abtei Münsterschwarzach gehören über 100 Benediktinermönche, von denen mehr als 30 für die Mission auf anderen Kontinenten leben. Das Kloster in Schwarzach am Main, dessen Geschichte bis ins 8. Jahrhundert zurückgeht, unterhält mehrere Werkstätten und Betriebe, unter anderem eine Goldschmiede, eine Bäckerei, eine Metzgerei, den Vier-Türme-Verlag und ein Kunstatelier, deren Erzeugnisse vor Ort verkauft werden. Daneben engagieren sich die Mön-

che in der Jugend- und der Flüchtlingsarbeit. Gäste können an Exerzitien und geistlichen sowie handwerklichen Kursen teilnehmen; Männer das Kloster auf Zeit kennenlernen. In dem Kloster in Schwarzach am Main ist übrigens Pater Anselm Grün, der als spiritueller Berater, geistlicher Begleiter und Buchautor bekannt wurde, zu Hause.

Br. Gerhard

Die Geschichte des Franziskanerklosters Frauenberg geht zurück bis ins 8. Jahrhundert: Der heilige Bonifatius soll hier bereits eine Kapelle gebaut haben. Nach einer wechselvollen Zeit und einem Brand 1757 errichteten die Franziskaner Kloster und Kirche in ihrer heutigen Form. Ein Schwerpunkt ihrer Arbeit ist die Seelsorge und dabei besonders die Lebensbegleitung, Glaubensberatung und Beichte. Bekannt ist das Kloster außerdem für seinen Garten, der, wie man noch

heute in seiner Gestaltung sehen kann, in der Barockzeit angelegt wurde. Über die Jahrhunderte nutzten die Franziskaner ihn landwirtschaftlich, aber auch als Ziergarten. Seit Herbst 2016 kooperieren die neun Brüder zudem mit „antonius – netzwerk mensch", um auf dem Frauenberg Projekte der Integration und Inklusion, wie einem Betrieb für Menschen mit und ohne Behinderungen, umzusetzen.

Sr. Justina

Die Benediktinerinnen-Abtei Mariendonk ist eine vergleichsweise junge Abtei. Die Anlage im nordrhein-westfälischen Grefrath wurde 1899 von den Benediktinerinnen von der ewigen Anbetung als Kloster erbaut, 1948 wurde es zu einer Abtei erhoben. Dazu gehörte auch eine Landwirtschaft, von der heute noch ein großer Obst- und Gemüsegarten erhalten ist. In dem produzieren die 27 Schwestern für ihren eigenen Bedarf.

Außerdem stellen sie in ihrer Paramentenwerkstatt Textilien für den liturgischen Gebrauch, wie etwa Messgewänder, her. Gäste können hier Gottesdienste besuchen oder das Klosterleben kennenlernen und beispielsweise im Garten mitarbeiten. Darüber hinaus bieten die Benediktinerinnen Vorträge, Bibelgespräche und Exerzitien an – in ihrem Klosterladen verkaufen sie außerdem „Pulmonal", als Kräuteraperitif oder Kräuterbonbons, nach einem alten Klosterrezept.

Textnachweis

Sechs Texte sind ursprünglich zuerst bei katholisch.de erschienen und wurden für dieses Buch überarbeitet.

Der Text „Tierisch integriert" stammt aus der Internetkolumne „Der Pfarrer und sein Hund" von der Homepage der Pfarrei St. Marien in Offenbach. Wir danken der Gemeindereferentin Frau Gabriele Scheuermann für die Erlaubnis zum Nachdruck.

Fotonachweis

Titelbild: © Patryk Kosmider / Shutterstock, Seite 6: © N. Chutchikov / Fotolia, S.8: © cynoclub / Fotolia, S.9: © DenisProduction.com / Fotolia, S.10: © Ermolaev Alexandr / Fotolia, S.13 © EleSi / Fotolia, S.14: © Katho Menden / Shutterstock, S.17, 19: © Sr. Petra Stelzner, S.20: © Evdoha / Fotolia, S.23: © alexandra_k / Fotolia, S.25: © Виктор Иден / Fotolia, S.26: © Mira Arnaudova / Shutterstock, S.29: © krithnarong Raknagn / Shutterstock, S.31: © lukasbeno / Fotolia, S.32: © julia_104 / Fotolia, S.34: © Magalice / Fotolia, S.35: © cynoclub / Fotolia, S.37: © grafikplusfoto / Fotolia, S.39: © Africa Studio / Fotolia, S.40: © blandinedao / Fotolia, S.43: © Branimir / Fotolia, S.45: © Br. Felix Weckenmann, Erzabtei Beuron, S.46/47: © Ivan / Fotolia, S.48: © csproductions23 / Fotolia, S.51: © NIK / Fotolia, S.52 u. 53: © Gabriele Scheuermann, S.53 re: © Wikimedia / Lady Whistler, S.55 u: © Bildagentur Zoonar GmbH / Shutterstock, S.54-63: Sofern nicht anders angegeben, liegen die Rechte jeweils bei den Ordensleuten.